优秀技术工人
百工百法丛书

吴喜军工作法

桥梁伸缩缝微创技术

中华全国总工会 组织编写

吴喜军 著

中国工人出版社

技术工人队伍是支撑中国制造、中国创造的重要力量。我国工人阶级和广大劳动群众要大力弘扬劳模精神、劳动精神、工匠精神，适应当今世界科技革命和产业变革的需要，勤学苦练、深入钻研，勇于创新、敢为人先，不断提高技术技能水平，为推动高质量发展、实施制造强国战略、全面建设社会主义现代化国家贡献智慧和力量。

——习近平致首届大国工匠

创新交流大会的贺信

优秀技术工人百工百法丛书

编委会

序

党的二十大擘画了全面建设社会主义现代化国家、全面推进中华民族伟大复兴的宏伟蓝图。要把宏伟蓝图变成美好现实，根本上要靠包括工人阶级在内的全体人民的劳动、创造、奉献，高质量发展更离不开一支高素质的技术工人队伍。

党中央高度重视弘扬工匠精神和培养大国工匠。习近平总书记专门致信祝贺首届大国工匠创新交流大会，特别强调“技术工人队伍是支撑中国制造、中国创造的重要力量”，要求工人阶级和广大劳动群众要“适应当今世界科技革命和产业变革的需要，勤学苦练、深入钻研，勇于创新、敢为人先，不断提高技术技能水平”。这些亲切关怀和殷殷厚望，激励鼓舞着亿万职工群众弘扬劳模精神、劳动精神、工匠精神，奋进新征程、建功新时代。

近年来，全国各级工会认真学习贯彻习近平总书记关于工人阶级和工会工作的重要论述，特别是关于产业工人队伍建设改革的重要指示和致首届大国工匠创新交流大会贺信的精神，进一步加大工匠技能人才的培养选树力度，叫响做实大国工匠品牌，不断提高广大职工的技术技能水平。以大国工匠为代表的一大批杰出技术工人，聚焦重大战略、重大工程、重大项目、重点产业，通过生产实践和技术创新活动，总结出先进的技能技法，产生了巨大的经济效益和社会效益。

深化群众性技术创新活动，开展先进操作法总结、命名和推广，是《新时期产业工人队伍建设改革方案》的主要举措。为落实全国总工会党组书记处的指示和要求，中国工人出版社和各全国产业工会、地方工会合作，精心推出“优秀技术工人百工百法丛书”，在全国范围内总结 100 种以工匠命名的解决生产一线现场问题的先进工作法，同时运用现代信息技术手段，同步生产视频课程、线上题库、工匠专区、元宇宙工匠创新工作室等数字知识产品。这是尊重技术工人首创精神的重要体现，是工会提高职工技能素质和创新能力的有力做法，必将带动各级工会先进操作法总结、命名和推广工作形成热潮。

此次入选“优秀技术工人百工百法丛书”作者群体的工匠人才，都是全国各行各业的杰出技术工人代表。他们总结自己的技能、技法和创新方法，著书立说、宣传推广，能让更多人看到技术工人创造的经济社会价值，带动更多产业工人积极提高自身技术技能水平，更好地助力高质量发展。中小微企业对工匠人才的孵化培育能力要弱于大型企业，对技术技能的渴求更为迫切。优秀技术工人工作法的出版，以及相关数字衍生知识服务产品的推广，将对中小微企业的技术进步与快速发展起到推动作用。

当前，产业转型正日趋加快，广大职工对于技术技能水平提升的需求日益迫切。为职工群众创造更多学习最新技术技能的机会和条件，传播普及高效解决生产一线现场问题的工法、技法和创新方法，充分发挥工匠人才的“传帮带”作用，工会组织责无旁贷。希望各地工会能够总结命名推广更多大国工匠和优秀技术工人的先进工作法，培养更多适应经济结构优化和产业转型升级需求的高技能人才，为加快建设一支知识型、技术型、创新型劳动者大军发挥重要作用。

中华全国总工会兼职副主席、大国工匠

高凤林

作者简介
About The Author

吴喜军

1976 年出生，北京首发公路养护工程有限公司吴喜军创新工作室带头人，养护事业部第八养护项目部道路维修班班长。

曾获“全国技术能手”“全国优秀农民工”“感动交通年度十大人物”“全国劳动模范”等荣誉和称号，享受国务院政府特殊津贴。

吴喜军二十几年如一日坚守在高速公路养护一线

岗位上，干过保洁、维修、电焊工作，开过各种工程车，在平凡的工作岗位上兢兢业业、任劳任怨。作为创新工作室带头人，他带领团队研发了桥梁泄水孔清理设备、智能环保桥梁伸缩缝橡胶条清除机等多个创新项目，先后获得30余项国家专利；同时，以他名字命名的工作室编订的《高速公路日常养护作业标准化手册》填补了行业内的空白，被列为交通运输部“2019年度重大科技创新成果”，也被交通院校列入在校生的教材和养护人员授课资料。目前，吴喜军的发明成果和标准已被全面采用，有效提高了道路养护的社会效益和经济效益，每年的人工成本就能节约上百万元。吴喜军凭着踏实肯干的拼搏精神，为首都高速养护事业作出了突出的贡献。

工/匠/寄/语

兢兢业业为人民、铮铮铁骨养路人

吴喜军

目　录
Contents

引　言　01

第一讲　桥梁伸缩缝微创技术概述　03

一、伸缩装置概述　04

二、技术创新思路　07

三、技术创新亮点　10

第二讲　工法简介及常用维修工具　11

一、工法简介　12

二、常用维修工具　13

第三讲　伸缩装置常见病害及诊断方法　15

一、伸缩装置常见病害及成因分析　16

二、伸缩装置病害诊断方法　25

第四讲　中梁断裂及位移箱损坏维修方法　27

一、问题描述　28

二、施工工艺流程 30
三、主要施工方法 31

第五讲 伸缩装置锚固区混凝土损坏维修方法 37
一、问题描述 38
二、施工工艺流程 38
三、主要施工方法 39

第六讲 橡胶止水带损坏维修方法 43
一、问题描述 44
二、施工工艺流程 44
三、主要施工方法 45

第七讲 典型维修案例分析 47
一、基本情况 48
二、维修过程 49
三、维修注意事项 57

后 记 59

引　　言
Introduction

桥梁伸缩装置指的是为满足桥面变形的要求，通常在两梁端之间、梁端与桥台之间或桥梁的铰接位置上设置的伸缩装置，常被称为伸缩缝。该装置直接与车辆接触，极易产生各种病害，如不及时发现并维修，将会造成更严重的后果。

随着公路新建投资规模增速放缓，公路养护里程数持续增长，在役桥梁数量的不断增加，伸缩缝数量也越来越多。由于桥梁伸缩缝处于桥梁上部结构的薄弱部位，在车轮的反复冲击和自然环境因素的作用下，伸缩缝损坏后将直接影响行车安全。伸缩缝病害如不及时维修，不仅会造成伸缩缝不能正常伸缩变形，还会缩短伸缩缝下方相关桥梁部件的使用寿命。因此，应对桥梁伸缩缝的常见病害进行必要的研究，分析其成因，并探索相应的养护措施，延缓病害进一步发展。

本书主要阐述的是在伸缩缝日常养护工作中的基本情况、及时创新过程、病害巡查诊断、桥梁伸缩缝微创工作法施工要点及典型维修案例分析等。传统桥梁伸缩缝损坏后一般是进行伸缩缝的整体更换，本工作法使用维修专用工具对损坏伸缩缝进行维修，对损坏部件进行更换并整体加固。经实践证明，本工作法立足于服务和指导一线养护人员作业，具备应用推广价值，可作为桥梁伸缩缝巡查、维修、更换施工共同遵守的准则。

第一讲

桥梁伸缩缝微创技术概述

一、伸缩装置概述

桥梁伸缩装置是为满足桥面变形的要求，调节由车辆荷载和桥梁建筑材料所引起的上部结构之间的位移和联系的装置，常被称为桥梁伸缩缝。通常设置在两梁端之间、梁端与桥台之间或桥梁的铰接位置上。桥梁伸缩装置是桥梁设施中的一种易损部件，不仅直接受到车辆荷载和冲击作用的影响，还需要承受桥梁上部梁板受温度变化产生的伸缩应力，因此，桥梁伸缩装置的完好与否对桥梁的施工质量，乃至安全性能都有着至关重要的影响，应当引起足够的重视。

正常状态的伸缩装置在平行、垂直于桥梁轴线的两个方向均能自由伸缩，整体牢固可靠，车辆行驶通过时，应平顺、无突跳和噪声等，依靠其自身的伸缩量，可以随着气温的上升和下降吸收桥梁梁体因材料热胀冷缩产生的变形。在伸缩装置表面设置的橡胶止水带能防止雨水、垃圾、泥土等异物渗入导致伸缩装置及桥梁相关构件的阻塞、腐蚀。伸缩装置一旦损坏，将加剧伸缩装置内部及桥梁相关构件的损坏（如上部结构的梁体端部、支座及垫石，下部结构的桥台、盖梁等），严重影响行车安全，甚至造成交通事故。随着我国交通运输业的不断发展，大型运输车辆逐年增多，给道路桥梁带来了很大的压力，年份久远的桥梁伸缩装置开始出现不同程度的损坏，而桥梁伸缩装置的维修也是困扰世界的一个难题，如不维修会发生钢梁断裂等，常规维修方法是进行整体更换。

根据相关数据统计，北京市主要高速公路的 5674 条桥梁伸缩装置中，有 99.26% 为模数式伸缩装置，其中 98.94% 为 80 型和 160 型，每年会有 10 条以上的更换需求。所以，必须加强伸缩装置的日常巡查及维修，延缓病害的进一步发展，以保证桥梁结构安全和行车舒适性。

本书的病害诊断及维修方法均以此类型伸缩缝为例作介绍，对伸缩装置维修的技术要求、机具要求、涉路交通组织、施工要求进行具体规定。常规的 80 型模数式伸缩装置如图 1 所示，160 型模数式伸缩装置如图 2 所示。

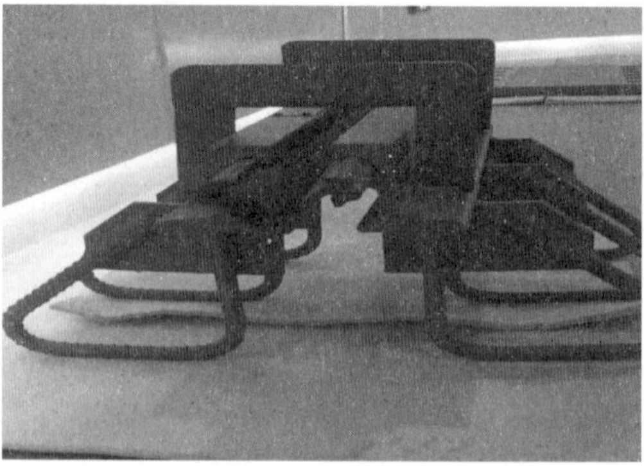

图 1 常规 80 型模数式伸缩装置

图 2 常规 160 型模数式伸缩装置

此类伸缩装置施工制作较为简单，采用高标号钢纤维混凝土制作保护带，将伸缩装置固定在锚固区内，采用 ϕ16 螺纹钢筋与桥梁预埋钢筋刚性锚固。80 型伸缩缝多应用于中、小型跨径的桥梁，伸缩量在 80mm 以内；160 型伸缩缝多用于大、中型跨径的桥梁，伸缩量在 160mm 以内。

二、技术创新思路

桥梁伸缩装置是直接暴露在桥梁表面的易损坏构件，在桥梁正常运营时极易损坏。基于多年的高速公路道路桥梁养护经验分析，桥梁伸缩装置在正常运营过程中出现钢梁断裂等表面病害时，90% 以上的病害成因与伸缩装置位移控制箱的构件损坏有关，而伸缩装置位移控制箱的维修就成为养护工作研究的重中之重。为研究桥梁伸缩装置损坏后快速维修的施工方法，养护公司以吴喜军创新工作室为基础，建立专项课题，主要针对高速公路桥梁使用较多的、损坏最频繁的 160 型模数式伸缩装置进行研究。研究方向是对160型模数式伸缩装置的位移控制箱进行单独维修，以微创施工的方式解决病害根源，提高施工效率，降低施工维修成本，以此来替代整体更换的方法。

吴喜军创新工作室以问题为导向，组织工作室主要人员到伸缩装置生产厂家学习及交流经验，发现伸缩装置的生产流程是一体预制成形，不是用小构件组装加工，不易对伸缩装置的局部部件进行更换，这样只能将伸缩装置损坏的位移控制箱的两侧横截面切断，连带混凝土保护带一起进行维修。

以这个结论为出发点，创新工作室课题研究成员重新整理思路：为什么伸缩装置损坏的问题都在位移控制箱上，而伸缩缝位移控制箱的问题出现在哪里？经研究发现，伸缩装置位移控制箱损坏的主要原因是内部支撑伸缩装置钢梁的小横梁四氟乙烯支撑块、限位垫块脱空位移，小横梁断裂以及伸缩装置位移控制箱底混凝土浇筑不密实导致位移控制箱脱空等。经过反复论证，如果解决了伸缩装置位移控制箱四氟乙烯支撑块、限位垫块更换以及小横梁断裂的问题，就可以对损坏的伸缩装置进行维修。

以思路为方向，以问题为出发点。只需要将160型模数式伸缩装置中间的钢梁撑开到可以下手的位置，就可以对伸缩装置位移控制箱内的四氟乙烯支撑块等进行更换。但是又考虑到四氟乙烯支撑块受到小横梁来自中梁的压力，需要将小横梁提升到一定高度，才能将四氟乙烯支撑块安装进去。

那么如何才能将伸缩装置中梁撑开以及将小横梁提升呢？ 吴喜军创新工作室初步想到的方法是制作一些专用工具，利用液压千斤顶匹配相应的专用工具，把伸缩装置中梁撑开及提升小横梁，如果这些理论都可以达成，那么更换伸缩缝位移控制箱四氟乙烯支撑块将不是问题，伸缩装置也可以进行整体维修。

三、技术创新亮点

1. 成本方面

常规情况下 1 条桥梁 160 型模数式伸缩装置损坏只能进行整体更换，更换 1 条损坏的 160 型模数式伸缩装置需要 10 万元以上，维修成本很高。通过利用伸缩缝微创修复方法（更换伸缩装置位移控制箱四氟乙烯支撑块的维修方法）修复的伸缩装置发现，每条伸缩装置的维修成本只需不到 1 万元，相较于常规更换伸缩装置的维修方法，大大节省了养护运营成本。

2. 时效方面

北京是一个交通压力很大的城市，只要在上下班高峰时间出现事故或者占路施工作业，就会造成更严重的拥堵。常规的维修方法即更换 1 条 160 型模数式伸缩装置大约需要 40 个小时，采用伸缩缝微创维修法只需要 5 个小时便可恢复交通，节省了大量时间，缓解了交通压力。

第二讲

工法简介及常用维修工具

一、工法简介

桥梁伸缩缝微创工作法是针对伸缩装置出现的病害进行局部破除修复，使用自制的配套工具把桥梁伸缩装置止水带及锚固区混凝土打开，将里面损坏的且造成安全隐患的部件取出来维修或者更换，达到微创修复的目的。

传统上，桥梁伸缩装置损坏后，一般是进行伸缩装置的整体更换，本工法使用维修专用工具对损坏伸缩装置进行维修，对损坏部件进行更换并整体加固。这个工法克服了整体更换伸缩装置的占路时间长、施工难度大、施工成本高的缺点，维修后的伸缩装置耐久性好、美观，维修难度低，快速可靠，维修成本低，占路时间短。在高速公路交通流量日益增大、养护资金逐渐紧缺的当下，该工法具有极大的社会效益与经济效益：比传统工艺的作业时间缩短 90% 以上，大大缓解占道施工带来的交通压力；环保施工，减少道路施工垃圾量 92% 以上；运用伸缩缝微创修复技术节约综合成本 90% 以上。

二、常用维修工具

在伸缩装置维修工作中经常遇到各项细节问题，通过常规工具无法实现快速高效的施工效果。吴喜军创新工作室结合工作实际研究并制作了多种伸缩装置维修专用工具和工具箱，经过反复的实践和改进，能够在维修工作中发挥巨大的作用，大大提高了施工效率，减少施工占路时间。

其中，开张器、中梁提升器、脚拐、千斤顶、钢钩、撬拐等，为结合实际使用情况进行定制或改进的维修工具，特别适用于桥梁伸缩缝微创工作法的维修操作，并在日常使用中，利用 PDCA 循环理念持续改进。常用工具规格及实物如表 1 和图 3 所示。

表 1　常用伸缩装置维修工具规格

序号	名称	规格	数量	重量
1	小撬棍	16mm×490mm	1	0.7kg
2	撬拐	16mm×650mm	1	1.4kg
3	手锤	4LB	1	1.65kg
4	钳子	FO-2603A	1	0.4kg
5	钢钩	2mm×170mm	2	0.1kg

续 表

序号	名称	规格	数量	重量
6	螺丝刀	6mm×125mm	2	0.52kg
7	壁纸刀	/	1	/
8	角磨机	670w	1	1.8kg
9	中梁提升器	400mm×240mm×500mm	1	24.6kg
10	脚拐	20mm×970mm	1	1.55kg
11	开张器	180mm×320mm	1	13.75kg
12	活扳手	300mm	1	0.7kg
13	千斤顶	10T	1	7.5kg
14	棘轮扳手	12.5mm×260mm	1	0.6kg

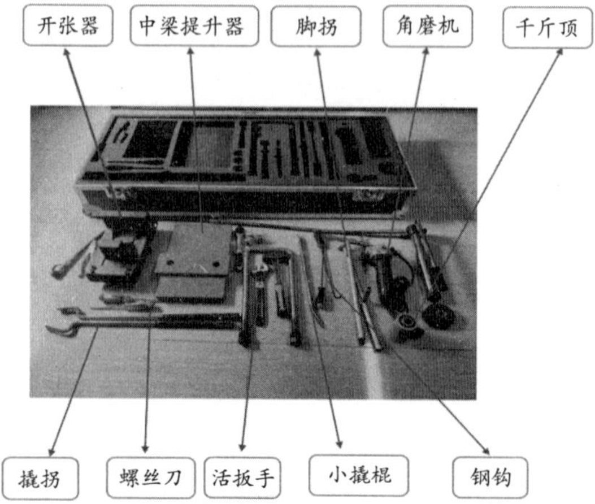

图 3 常用伸缩装置维修工具

第三讲

伸缩装置常见病害及诊断方法

一、伸缩装置常见病害及成因分析

伸缩装置常见病害主要包括钢梁高差、橡胶止水带损坏、缝隙过窄、型钢变形、中梁断裂、边梁断裂、锚固区混凝土破损等。具体病害情况描述及影响如下。

1. 伸缩装置钢梁高差

这种形式的病害多发生在桥台位置，是由桥台沉陷、桥头搭板沉陷、安装误差以及支座垫石碎裂等导致桥梁一侧低于路面一侧所引起的，伸缩装置由于桥头跳车现象产生的冲击荷载而破损，极易发生桥头跳车现象，影响整体路段的通行体验，具体情况如图 4 所示。

图 4　伸缩装置两侧钢梁存在高差

2. 伸缩装置橡胶止水带损坏

这种形式的病害包括橡胶条老化、开裂、脱落等，主要由橡胶材料老化、止水带卡槽位置脱落、橡胶条变形开裂、止水带内的沉积物清理不及时、受气温变化影响伸缩装置位移超限等引起的，如不及时维修更换，将直接影响梁体端部、支座及支座垫石、桥台、盖梁等部件的耐久性，具体情况如图 5 所示。

图 5　伸缩装置橡胶止水带损坏

3. 伸缩装置缝隙过窄

这种形式的病害表现为伸缩装置钢梁之间缝隙变窄，失去应有的变形功能。在进行路桥施工时，设计安装桥梁伸缩装置的宽度不合适，容易造成这种形式的病害，伸缩装置过窄，减少了预留压缩量，使得桥梁伸缩装置出现挤死的情况，造成伸缩装置止水带脱落、伸缩装置型钢受挤压变形等现象的发生，具体情况如图 6 所示。

图 6　伸缩装置缝隙过窄

4. 伸缩装置型钢变形

这种形式的病害表现为型钢发生扭曲、错位、相邻缝隙不均等。病害形成的原因主要有以下两种，具体情况如图 7 所示。

第一种情况是由于桥梁伸缩装置位移控制箱内的位移控制橡胶块损坏，造成伸缩装置位移装置伸缩量不均，引起型钢伸缩缝发生不均匀变形现象。第二种情况是由于新建施工时，模板安装不密实，导致混凝土进入位移控制箱内，影响位移控制箱的正常伸缩功能，造成中梁发生扭曲、变形。

（a）型钢扭曲

（b）型钢错位

图 7　伸缩装置型钢变形

5. 伸缩装置中梁断裂

这种形式的病害包括支撑钢梁断裂和伸缩装置钢梁断裂，直接影响路面行车安全，多发生在伸缩装置型钢接缝处、行车道轮迹带位置等。车流量大、超载车辆反复碾压，使横梁下的支撑垫损坏、伸缩箱底部开裂、不同位置的钢梁受力不均等，伸缩装置在多种不利因素作用下造成钢轨断裂，主要包括以下几种情况，如图 8 所示。

第一种情况是位移控制箱内四氟乙烯支撑块损坏造成钢梁断裂。随着车流量增大，超载、重载车辆逐渐增多，对桥梁造成严重负荷影响，使桥梁伸缩装置内的位移控制箱四氟乙烯支撑块损坏，车辆反复碾压之后，使中梁上下反复跳动造成中梁断裂。第二种情况是位移控制箱底部开裂造成钢梁断裂。在新建或更换伸缩装置时，锚固区混凝土振捣不密实，使位移控制箱底部钢板悬空，经过车辆的反复碾压，位移控制箱底部钢板受到负荷超限，造成位移控制箱底部开裂、沉陷，导致中梁断裂。第

（a）第一种情况

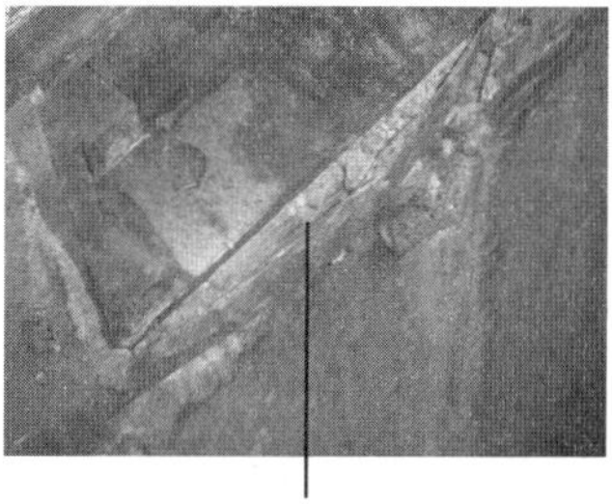

（b）第二种情况

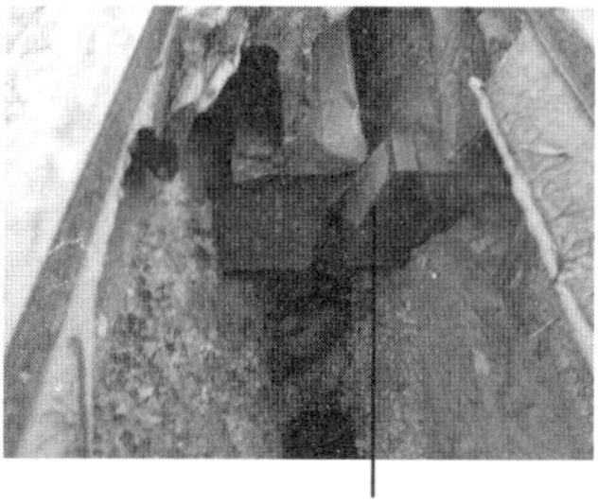

（c）第三种情况

（d）第四种情况

图 8　伸缩装置中梁断裂

三种情况是位移控制箱小横梁断裂造成钢梁断裂。在新建或更换伸缩装置时，原伸缩缝装置的中梁略高于边梁，使中梁的受力严重超出小横梁承载负荷，由于原有伸缩装置的小横梁强度不具备负荷车辆反复碾压的强度或刚度，小横梁发生断裂，引发伸缩缝装置中梁失去下部支撑，造成中梁断裂。第四种情况是正常磨损造成钢梁断裂。由于伸缩装置使用年限较长，受到车辆行驶反复碾压、雨雪腐蚀、气温变化等，使伸缩装置的中梁发生疲劳断裂。

6. 伸缩装置边梁断裂

这种形式的病害表现为边梁失去周围混凝土的锚固力，发生断裂、缺失等。病害形成的原因主要有以下两种情况，如图 9 所示。

第一种情况是由于保护带混凝土浇筑不密实等，在车辆反复碾压下，锚固区混凝土出现裂缝、碎裂等，无法使伸缩装置与梁体端部形成整体，导致边梁单独受力造成边梁断裂。第二种情况是新建施工混凝土保护带浇筑时预留槽内未清理干净，边梁预埋或固定钢筋，常年受到雨水侵蚀而断裂，造成混凝土保护带整体弹跳，导致边梁断裂。

7. 伸缩装置锚固区混凝土破损

这种形式的病害表现为混凝土表面露筋、碎

(a) 保护带混凝土浇筑不密实

(b) 保护带浇筑时预留槽内未清理干净

图 9 伸缩装置边梁断裂

裂、坑槽等，极易造成型钢失去混凝土的锚固效力，发生震颤甚至断裂。这主要是因为混凝土强度不足，浇筑不密实，表面及深层裂缝或混凝土保护带浇筑时预留槽内未清理干净，水沿着裂缝进入伸缩装置内的固定钢筋，在多重不利因素的影响下，导致锚固区钢筋发生锈蚀胀裂或断裂，造成混凝土开裂、出现坑槽或整体弹跳等，有严重的安全隐患，具体情况如图 10 所示。

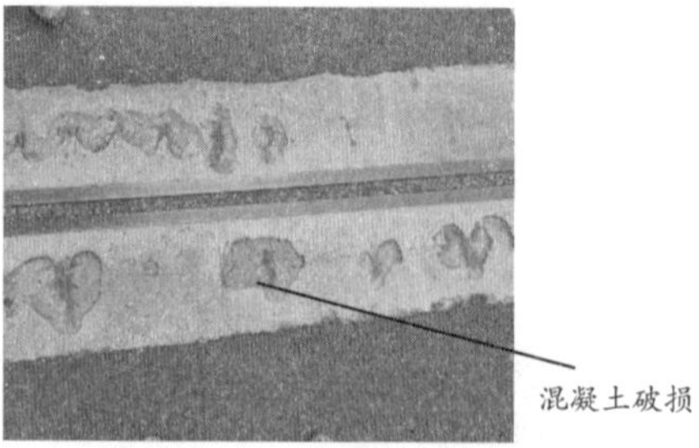

（a）混凝土表面破碎

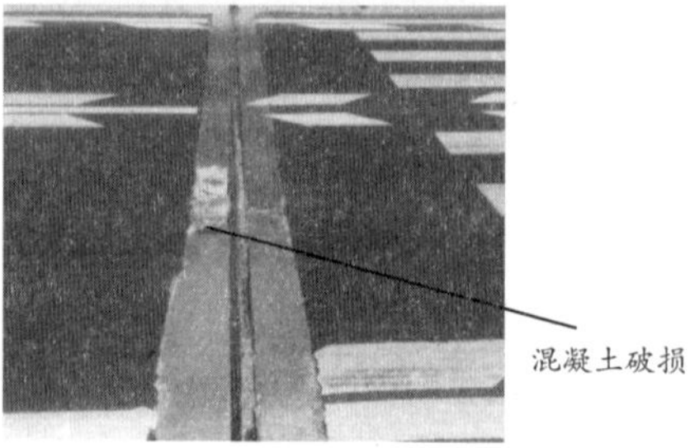

（b）混凝土坑槽

图 10　伸缩装置锚固区混凝土破损

二、伸缩装置病害诊断方法

维修伸缩装置前，首先要清楚病害发生的位置、损坏部件和损坏程度等，对病害位置及形成原因进行详细判断，才能制定对症的解决措施。为便于一线作业人员现场初步判定病害情况，提高伸缩装置病害巡查诊断的及时性，切实解决病害问题的根源，吴喜军创新工作室结合以往伸缩装置病害巡查及维修经验，制定出“一听、二看、三记”的三步诊断法。具体方法如下。

“一听”，听伸缩装置在车辆经过时发出的异常声响。如伸缩装置结构发生钢梁断裂或悬空、焊缝开焊、铰链损坏等，可能导致钢结构震颤或相互碰撞而发出异常声响。

“二看”，看伸缩装置的钢梁（包括中梁和边梁）、锚固区混凝土、止水带等构件的表观病害。其中，直接影响行车安全的隐患有：钢梁断裂、扭曲、高差、震颤等病害，以及锚固区混凝土碎裂导致的露筋、坑槽等。此外，止水带损坏会加剧伸缩装置内部、梁体端部、盖梁、支座等部件病害的发展，如伸缩缝下方为道路，从缝内掉落的石子等物体可能危及过往行人和车辆的安全。

“三记”，通过“听、看”相结合的方式确定伸缩装置的病害状况后，记录相关内容。其中，钢梁及锚固区混凝土的病害，定性为严重隐患，应加强巡查并采取应急措施；止水带的病害，定性为一般隐患，应按计划维修、更换。

经过理论学习和实践培训，一线作业人员可以快速完成病害的初步诊断，同时制定相应的检查记录表格，统一病害的具体描述词语、损坏桩号、具体位置和严重程度初步判定等，便于管理人员收集和统计，在日常桥梁伸缩装置病害检测中发挥了重要作用。配合特制的记录表格，一线作业人员能够快速掌握伸缩装置巡查及初步病害判定的重点和实践能力。

第四讲

中梁断裂及位移箱损坏维修方法

一、问题描述

位移箱是伸缩装置的一个重要部件，与伸缩装置一起整体制作而成，是用于控制伸缩装置工作时伸缩量的装置，箱内由支撑梁、支撑块、上下垫块等组成。支撑梁是伸缩装置位移箱内支撑伸缩装置中梁的一个小横梁，由四氟乙烯支撑块固定在位移箱内，是支撑伸缩装置中梁的主要承重部件。伸缩量是指伸缩装置拉伸、压缩的位移量，是用于衡量伸缩装置的工作状态是否正常的重要指标。伸缩装置位移箱损坏的病害表现形式主要有以下几类，具体情况如图 11 所示。

图 11　位移箱垫块布置（包括上下垫块、限位弹块）

1. 支撑梁断裂导致中梁断裂

由于伸缩装置的位移箱底部混凝土浇筑不密实，位移箱下钢板断裂或变形，丧失稳固支撑横梁作用，导致支撑梁的钢材发生疲劳变形，经过裂纹形成和裂纹缓慢扩展后，支撑梁会迅速断裂，最后中梁断裂。

2. 位移控制箱底脱空导致中梁断裂

在伸缩装置锚固区混凝土浇筑时，混凝土振捣不密实，造成位移控制箱底部悬空，经过车辆反复碾压，伸缩箱变形，底部开裂，继续发展会造成伸缩装置支撑横梁脱落，中梁受力不均而断裂。

3. 位移箱上下支撑块损坏

随着车流量日渐增大，超载、重载车辆逐渐增多，对桥梁造成严重负荷，使桥梁伸缩装置位移控制箱的橡胶垫块老化、损坏或移位，经过车辆反复碾压之后，使中梁上下反复跳动，极易造成中梁断裂，导致更严重的后果。

二、施工工艺流程

（1）按主管部门批复的时间和占路位置，组织现场交通导改，根据伸缩装置的损坏位置和程度，准备维修材料、设备及专用工具等。

（2）在损坏位置使用专用工具拆除伸缩装置止水带，留出足够的施工操作空间。

（3）用气割沿损坏部位拆卸破损的中梁。

（4）拆卸伸缩装置位移箱内破损的结构部件，如垫块、钢板等。

（5）清理破损构件的碎渣等，用同型号的钢板修补并加固伸缩装置位移控制箱。

（6）按原位移箱内垫块的尺寸制作、安装支座托盘及垫块等。

（7）用角磨机打磨需焊接部位，做成坡角，确保焊接质量。

（8）按原结构形式组装伸缩装置位移箱内的垫块，安装支撑横梁等结构，在焊接部位进行焊接。

（9）将伸缩装置的中梁按缺损部位尺寸焊接安

装，将焊接后的焊缝打磨平整。

（10）将拆除止水带的部位按原尺寸安装新的止水带，有顺接的部位应用胶粘接牢固。

（11）检查施工质量。

（12）施工完毕后，清理施工现场并开放交通。

三、主要施工方法

（1）拆除伸缩装置止水带。在中梁和边梁的卡槽内取出止水带的破损端头，把止水带向待取出的方向绷紧拉拽，同时用蹬力拐蹬住止水带与卡槽分离点卷边，使用电镐配合专用镐头依次剔除止水带，直至把待拆卸止水带全部取出为止。对橡胶老化严重的止水带，可使用止水带剔除机或电镐配合剔除钢梁卡槽内老化的橡胶止水带。

（2）拆卸破损中梁。查看伸缩装置结构坏损状况，确定中梁拆除范围，切割点为未坏损箱体向坏损箱体方向偏出 200mm 处，采用气割方式拆卸中梁，为下一步施工创造条件。

中梁未断裂时，一般诊断为位移箱内支撑垫块损坏，此时更换垫块即可。操作过程为：拆除橡胶止水带，使用开张器撑大损坏一侧中梁与边梁之间的空隙（撑开量达到 6cm 即可下手操作），拆除支撑横梁控制橡胶包，清理支撑残块；安装上支撑块后，使用提升器提升支撑梁到能放入新的下支承垫块的高度为止；安装下支撑块后，拆除提升器安装支撑横梁控制橡胶包，拆除开张器，安装橡胶止水带。

（3）拆卸伸缩装置箱体内破损结构。用气割设备切开位移控制箱顶及后部的 1/2，用相应型号的扳手卸掉同步器挡板螺栓，撬动挡板取出同步弹力块。采取错位别动的方法使上下支座与横梁分离，对位移控制箱里的支撑梁控制橡胶包及支撑残块进行拆除。

若伸缩装置现有宽度不足以满足将横梁完整取出时，则首先需将支撑横梁在中间位置一分为二截断，在断口处左、右、上三面开坡口，留 6mm 钝边，以备之后放入焊条焊接。然后制作临时托板，托板均衡放置在两对称伸缩箱箱体平台上，把加工好的两半截支撑横梁放置在托板上，调正后，点焊固定支撑横梁，随后撤出托板。

（4）制作支撑横梁底面加固板。把支撑横梁两侧断口处的坡口以及支撑横梁底面加固板的结合角全程焊接。再制作两个支撑横梁侧面加固板，将支撑横梁侧面加固板与托板相接的一边开坡口，放置在支撑横梁底面加固板上，焊接在支撑横梁两侧，至此完成支撑横梁的对接安装。

（5）清理修补并加固伸缩缝位移控制箱。清理积尘、铁锈，修理增补伸缩同步装置挡块螺母，焊接加固开裂的伸缩缝位移控制箱。从箱体切开位置放入新的支撑梁，焊接恢复位移控制箱，浇筑混凝土保护带，适时进行养生。

（6）制作安装支座托盘及垫块。用 5mm 厚钢板按照待安装下支座高度的 2/3 和长宽规格的簸箕形托盘，制作宽侧挡板备用。按照托盘内容规格制作 1~6mm 厚度的平板若干，把宽面端的两个直角打磨成弧形角待用。

（7）组装伸缩装置箱体结构。安装支撑横梁，对支撑横梁定位，测定支撑横梁的中心点，使其处于伸缩装置中心位置。安装下支座和上支座，固定支撑横梁，把上支座硬塑面向下，上支座榫头对准箱体下面卯孔，置入伸缩箱内。用同样的方法安装对称箱体的上支座，用液压式紧固提升器提升该支撑横梁，直至支撑横梁侧面外包胶体隆起为止。

将下支座硬塑面向上放入下支座固定托盘，下支座固定托盘的开口朝向外侧，纵向置入支撑横梁下方，托盘外沿在箱体底板外沿向内 8mm 左右处。

检测下支座上平面与支撑横梁底面的松紧程度，确认合格后，重新提升紧固提升器，取出下支座，把下支座固定托盘焊接固定在伸缩箱底板既定位置，降温后再度置入承压下支座，封口，移出紧固提升器。

安装伸缩同步装置，在有锁母的一侧置入伸缩同步装置，伸缩同步装置的中心轴一端置入支撑横梁端头挡板孔，伸缩同步装置的另一端插入伸缩箱外口一侧的挡板中心孔，用撬棍和架式千斤顶把伸缩弹力块外挡板顶紧到位，用螺栓锁紧。

（8）安装中梁。测出中梁被拆卸部分露出支撑横梁之间的间距，标记在待安装中梁上，每间隔一定距离测量一次支撑横梁上平面与边梁上平面的高度差，以此为依据制作出相应厚度钢件垫块。

将钢件垫块按照对应的位置焊接在中梁的底面，把配置加工好的中梁两端吊起，中梁两端断口的底面要提前焊接托板，放入待安装的伸缩缝中，与两端中梁的断口对正。

采用水平调节板把中梁压紧，保证中梁上平面与边梁上平面水平，调整钢件垫块的厚度，在距中梁接口端200~300mm处，把中梁压紧在支撑横梁上，随后将中梁和支撑横梁相接处焊接牢固。

（9）安装止水带。首先除去伸缩装置钢梁止水带槽内的铁锈、杂质，把止水带凹面向上放在边梁与中梁之间，沿伸缩装置纵向展开。止水带端头略长于中梁、边梁的端头。把止水带依次插入中梁与边梁的缝隙中，两侧卷边对正两侧钢梁的卡槽。用别力拐把止水带端头部分别入钢梁卡槽内的一小段，随后把全段止水带用力拉紧绷直，再用别力拐把止水带两侧别入钢梁卡槽内。割除止水带搭接端头的卡槽段，两片留存搭接面打充气胶，贴平粘实，卷边对接黏合到位。

第五讲

伸缩装置锚固区混凝土损坏维修方法

一、问题描述

伸缩装置锚固区混凝土损坏，主要是由于混凝土浇筑不密实，有表面裂缝等缺陷，水沿缺陷位置渗入内部钢筋和深层混凝土，造成锚固区混凝土内部的钢筋锈蚀，钢筋产生膨胀引起混凝土裂缝、表面剥落或整体碎裂等。如不及时修复将会产生坑槽、钢筋外露等病害，直接影响路面行驶车辆的安全，甚至可能导致边梁锚固力不足、伸缩缝钢梁单边受力，从而造成边梁断裂等严重问题。

二、施工工艺流程

（1）按主管部门批复的时间和占路位置，组织现场交通导改，根据伸缩装置的损坏位置和程度，准备维修材料、设备及专用工具等。

（2）在损坏的混凝土部位画出方格，凿除表面松散和破损的混凝土。

（3）将露出的钢筋除锈，对缺失钢筋的部位进行补植、焊接。

（4）清除表面的碎渣、尘土等。

（5）在新旧混凝土接触面涂刷混凝土界面剂。

（6）将拌好的混凝土浇筑在修补的部位。

（7）使用养生剂或洒水等方式对混凝土进行养生。

（8）检查施工质量。

（9）施工完毕后，清理施工现场并开放交通。

三、主要施工方法

（1）凿除破损混凝土。将伸缩装置混凝土锚固区内松散、破损、污损的混凝土清除干净，直至露出坚硬密实的基面，同时应注意保证该部位无油污、油脂、蜡状物、灰尘以及附着物等物质，如有这些物质，要及时清理干净。

（2）钢筋除锈和补植。查看预埋钢筋锈蚀断裂情况，然后进行钢筋除锈、焊接断裂钢筋。利用喷砂枪、角磨机、钢丝刷等对露出的钢筋进行彻底除锈。对于钢筋截面损失超过 30% 的，采用同型号钢筋补强。对于全结构缺失的钢筋进行补植，钢筋补植详细要求按照伸缩装置更换时的要求执行。

钢筋植筋要点：钻孔完毕后，用吹风机吹净孔内的灰土，注入植筋胶，注入量约为孔深的 2/3，再植入钢筋，使植筋胶稍微溢出为宜。所植钢筋为 ϕ16mm 螺纹钢筋，钢筋折呈“7”字形。植入后使钢筋紧贴伸缩装置套筋，将植筋与套筋焊接牢固，焊接面长度不少于 10cm，焊接钢筋采用 4.0mm 的 502 型焊条，焊接电流为 250~270A，伸缩缝套筋两侧上下各钻一个孔，钻孔深度为 15cm，孔径为 20mm（钻孔中如遇梁体预埋筋，不能达到钻孔深度时，可视情况调整钻孔位置，确保钻孔深度）。

（3）涂刷混凝土界面剂。浇筑混凝土前，对焊缝轻轻敲打，使药皮脱落，以保证混凝土与钢筋的紧密黏接。将安装槽内的碎泡沫塑料、药皮及混凝土粉末等杂物清除干净，用刷子在新旧混凝土接触的表面涂刷混凝土界面剂，并涂刷均匀，以无流坠结果作为一次涂抹量的标准。表面界面剂应渗透至混凝土内部，残留在表面的部分用抹布等擦拭掉，安装槽内各个接触面均应涂刷到位。

（4）浇筑混凝土。采用 C50 钢纤维早强快硬混凝土进行局部修补。钢纤维含量为 80kg/ m^3，其 1 小时抗压强度不应小于 26MPa，抗折强度大于或等于 4MPa；2 小时抗压强度大于或等于 40MPa，抗折强度大于或等于 6MPa。

现场拌和混凝土时，应严格根据预先确定好的配合比进行，采用专用拌合工具，保证混凝土搅拌均匀，颜色一致，不得有离析和泌水现象。

混凝土浇筑时，采用插入式振动器振捣，伸缩装置位移箱及钢筋密集区等位置应加强振捣。振捣棒的型号根据钢筋布置来具体确定，以保证能够插入混凝土内部，确保混凝土振捣密实，位移间距应不超过振动器作用半径的 1.5 倍，与安装槽边界应保持 50~100mm 的距离。振捣结束以混凝土停止下沉、不再出现气泡、表面出现浮浆为准。

混凝土浇筑完成后，应根据施工气温，在初凝前进行表面收光，在混凝土表面水分析出后、终凝前进行二次抹压，以减少混凝土表面裂缝。为保证混凝土与两侧路（桥）面顺接和混凝土表面平整度，收光过程中，应随时用水平尺检查、调整混凝土顶面标高和平整度。

（5）混凝土养生。浇筑后的混凝土，应采用保湿材料进行覆盖，并根据气温定时洒水保湿或使用养生液养生，保持混凝土表面湿润。养生期间，伸缩缝施工路段应进行交通管制，做好防护措施，严禁车辆碾压。养生完成后，拆除覆盖物并开放交通。

第六讲

橡胶止水带损坏维修方法

一、问题描述

该病害主要是由于伸缩装置橡胶止水带安装不牢、缝内异物挤压、伸缩装置变形量超限、橡胶材料老化等，造成橡胶止水带脱落、开裂等情况。如不及时维修，会导致伸缩装置的支撑梁、垫块、位移箱等内部结构、梁体两端、支座及垫石、桥台盖梁等构件直接暴露在受水侵蚀等恶劣环境下，加剧相关构件的损坏。在伸缩装置下方有行人和车辆经过的道路位置，如果缺少止水带的防护，会导致路面的石子等从裂开的伸缩装置缝隙掉落到下方道路上，极易产生更严重的安全隐患，所以更应及时维修处置。

二、施工工艺流程

（1）按主管部门批复的时间和占路位置，组织现场交通导改，根据伸缩装置的损坏位置和程度，准备维修材料、设备及专用工具等。

（2）使用专用工具从一端开始向另一端将损坏

的止水带从伸缩装置钢梁的卡槽内拆除，直到将损坏的止水带全部拆除完毕。

（3）确定需安装止水带的长度后，从一端开始向另一端安装止水带，使用专用工具将止水带两侧卡入钢梁预留的卡槽内。

（4）检查施工质量。

（5）施工完毕后，清理施工现场并开放交通。

三、主要施工方法

（1）拆除止水带。在中梁和边梁的卡槽内取出止水带的破损端头，把止水带向待取出的方向绷紧拉拽，同时用蹬力拐蹬住止水带与卡槽分离点卷边，使用电镐配合专用镐头，依次剔除止水带，直至把待拆卸止水带全部取出。对橡胶老化严重的止水带，可使用止水带剔除机或电镐配合剔除钢梁卡槽内老化的橡胶止水带。

（2）安装止水带。首先除去伸缩装置钢梁止水带槽内的铁锈、杂质，把止水带凹面向上放在边梁与中梁之间，沿伸缩装置纵向展开。止水带端头略长于中梁、边梁的端头。把止水带依次插入中梁与边梁的缝隙中，两侧卷边对正两侧钢梁的卡槽。用别力拐把止水带端头部分别入钢梁卡槽内的一小段，随后把全段止水带用力拉紧绷直，再用别力拐把止水带两侧别入钢梁卡槽内。

在高速公路上切换交通导行的工作面危险性较大，需要将伸缩装置止水带在中间部位搭接。搭接面打磨成毛茬并涂抹黏接胶，贴平粘实，卷边对接黏合到位，橡胶止水带的搭接面搭接时，根据路面排水坡度采用高处压低处的方式，以利于排水。

第七讲

典型维修案例分析

一、基本情况

京平高速某桥是一座长度超1000m的特大桥，进京方向两道160型模数式伸缩装置多次出现钢轨断裂现象，采用常规维修方法修复后仍然出现断裂的情况，造成严重的交通安全隐患。通过现场切开中梁后观察发现，由于中梁钢轨断裂位置附近的位移箱底部混凝土浇筑不密实，混凝土碎裂。位移箱的下钢板在反复的行车荷载作用下产生开裂，发生沉陷变形，小横梁的垫块失效，丧失稳固横梁的作用，最终导致伸缩装置小横梁、中梁受力不均而发生断裂，并且断裂位置均集中在损坏的伸缩装置位移箱附近。

吴喜军创新工作室通过使用桥梁伸缩缝微创工作法对伸缩装置进行局部拆除、更换、维修。更换损坏的伸缩装置位移箱、垫块、小横梁和中梁等部件后，伸缩装置中梁不再出现断裂现象，经过长时间观察，伸缩装置可以正常伸缩，整体运转正常，经过3年时间的验证，未出现第二次损坏的情况。

二、维修过程

首先，通过伸缩装置病害巡查的三步诊断法初步判定钢轨损坏的具体部位和位移箱布置情况，根据判定结果制定维修方案并准备维修更换的伸缩装置部件，维修过程如下。

（1）用风镐破除混凝土保护带，露出伸缩装置位移控制箱的箱体表面，使用气割设备将损坏的位移箱切割取出，取出后将全部碎裂混凝土清理干净，同时尽量保留原伸缩装置的预埋钢筋，具体情况如图 12 至图 15 所示。

在确定好损坏位置后，使用壁纸刀将原有橡胶止水带切开，用特制的钢钩等将钢梁卡槽内的止水带拆除，留出足够的施工操作空间。

图 12　切开橡胶止水带

在损坏的位移箱部位一侧使用开张器配合液压千斤顶把中梁和边梁之间的缝隙扩开，保证足够的操作空间。

图 13 扩开缝隙

找到伸缩装置位移箱对应的混凝土锚固区位置，进行标记和放样，放样尺寸应略大于位移箱的外轮廓线。

图 14 标记和放样

用风镐等对放样部位的混凝土进行破除，可提前将伸缩装置的缝隙进行封堵，防止碎裂的混凝土进入缝内。

图 15　混凝土破除

（2）先将横梁放入，在伸缩箱后焊接一个把手，量好位移控制箱的准确位置并进行固定，确保箱内小横梁安装完毕后的水平位置。放入提前自制好的同尺寸位移箱，将伸缩箱与预埋筋进行焊接固定，最后将四周焊接牢固，具体情况如图 16 所示。

图 16　打开上位移箱钢板

用气割设备打开伸缩装置位移箱的上钢板，露出位移箱内部结构和支撑梁的固定端。

（3）剔除伸缩箱底部碎裂、松散的混凝土，将伸缩箱周围防漏模板焊堵，防止浇筑时漏浆。加固伸缩箱底部钢板，采用速凝钢纤维混凝土重新浇筑底部混凝土，使伸缩箱底部牢固。及时进行混凝土养生，气温较低时，覆盖保温材料，确保混凝土的强度，具体情况如图 17 至图 19 所示。

切割并拆除损坏的伸缩装置支撑梁，检查并维修位移箱内的垫块，按原位置安装新的支撑梁。

图 17　切割损坏的支撑梁

支撑梁及位移箱内的垫块等安装完毕后，制作相应尺寸的钢板，将拆除的位移箱上的盖板焊接恢复。

图 18　焊接恢复位移箱上的盖板

用早强快硬混凝土恢复凿除的混凝土保护带。

图 19 恢复混凝土保护带

（4）使用自制的小横梁提升器，调整小横梁高度，使更换的小横梁与其他小横梁水平高度一致，将上弹块、下垫块安装牢固，最后焊接钢轨，确保小横梁安装后都在同一高度，具体情况如图20所示。

图 20 提升支撑梁

采用特制的提升器托起支撑梁，借助小型千斤顶将支撑梁提升至正常高度，确保中梁的上表面恢复至原有高度。

（5）切割新钢轨，确保长度合适，并在接茬位置制作坡口，同时在旧钢轨上也做好接茬坡口，使新旧钢轨搭接顺直。原钢轨下方加焊一块钢板，尽量增加与新钢轨焊接的接触面。在新旧钢轨结合位置两侧肋部加焊钢板进行加固，用 502 型焊条焊接牢固，除去焊渣并打磨焊缝，确保表面平整、无毛刺等，在打磨位置涂刷防锈漆来防锈防腐，具体情况如图 21、图 22 所示。

利用开张器扩开的缝隙，将伸缩装置位移箱内的垫块复位，更换新的支撑块并将支撑梁的两端安装紧固。

图 21　复位垫块

在中梁接缝的部位打磨坡口，并在中梁的下方和两个侧面增设加筋钢板，增加中梁焊接接缝的稳固性。

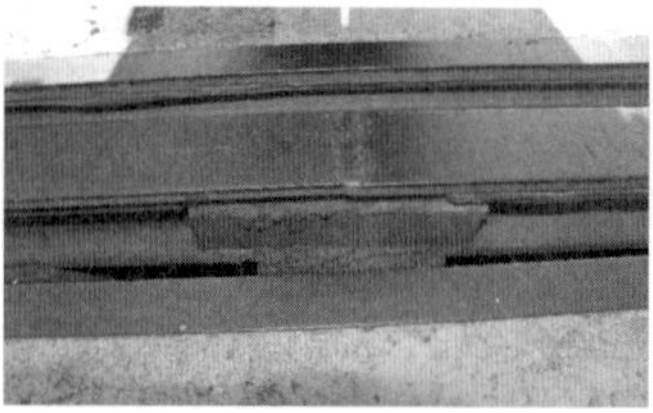

图 22　中梁加固焊接

（6）为确保修复的质量，伸缩装置钢轨焊接后，应观察两天，确认焊接牢固、伸缩装置功能正常、不再发生断裂等问题后，重新安装伸缩装置的止水带，具体情况如图 23 所示。

图 23　确认伸缩装置功能正常

修复后的伸缩装置，应在1周内加强巡视检查，避免再次发生断裂危险，确保安全后及时恢复橡胶止水带。

三、维修注意事项

（1）定期对伸缩装置进行专项巡视检查，对保护带出现破损，中梁、边梁出现异常振动的情况，及时进行维修加固，避免病害进一步加大，给行车带来隐患。

（2）发现伸缩装置出现异常时，首先对伸缩装置的病害位置进行辨识，充分查找病害原因，为下一步制定病害处理方案做好准备，尽量避免重复维修。

（3）伸缩装置维修前，依照制定的方案，充分准备物资、工具，确保维修作业顺利完成，减少占路作业时间。

（4）伸缩装置的保护带破除的工作重点是清理，清理不彻底会造成新浇筑保护带与梁体无法形成整体，出现钢筋受水侵蚀、钢筋锈胀等病害，最终导致混凝土开裂。

（5）植筋孔深度、植筋胶涂刷等应达到上述要点要求，不得使用锈蚀钢筋。

（6）焊接工作要采用符合上述要求的设备及材料，确保焊接质量整体牢固。

（7）垫块放置应尽量紧实，能够压紧横梁。为避免横梁再次脱落，可在垫块周边焊制挡板，使其更加稳固。

（8）横梁断裂，放入新横梁，应确保横梁与中梁接触面高度与其他横梁高度一致，避免单独受力。

（9）混凝土浇筑前，在原接茬处应撒布截面剂，增加黏合度，尤其是与沥青路面接缝处，避免出现缝隙而进水。

（10）浇筑混凝土应充分振捣，确保填满安装槽。混凝土需要洒水养生达到强度后，才能放行通车。

（11）修复后的伸缩装置，应在一周内加强巡视检查，避免再次发生断裂危险。

后 记

桥梁伸缩缝微创技术工作法与传统更换桥梁伸缩装置施工相比，更考验现场组织、施工工艺质量、精细化控制能力。在行车干扰等动荷载影响下，精确地判断病害发生的具体位置、分析病害原因、制定解决方案、精准把控施工质量等都有更高的要求，整体把控施工质量的难度更大。施工前应充分调查现场，精确掌握伸缩病害位置、长度、宽度、深度等数据，提前定制伸缩装置配件和施工材料等。调查路面宽度、车道数、出入口布置及交通量等情况，综合制定交通导流方案，最大限度地减少对社会的影响。根据施工作业空间、周边环境等，合理配置人员、机械数量等，确定施工现场平面布置方案。经过多次实地施工实践，本工作法能够有效指导现场施工，确保施工进度和工艺质量，能够取得良好的效果。施工后的伸缩装置均能良好地发挥使用功能，为今后的施工工作提供了重要参考和宝贵经验，具有一定的指导意义。

我作为高速公路养护行业一线成长起来的全国劳模，在二十几年如一日的工作经历中，更加深刻地认识到创新在工作中发挥的巨大作用。作为首发养护公司吴喜军创新工作室的带头人，我将继续用精湛的技艺和优秀的创新成果创造更大的社会价值和经济效益。本书介绍的是我在实践工作中积累的宝贵经验和心得，还有很多不足之处需要进一步完善，诚恳地希望各位读者多提宝贵意见。

吴喜军

2023 年 7 月

图书在版编目（CIP）数据

吴喜军工作法：桥梁伸缩缝微创技术 /吴喜军著. 一北京：中国工人出版社，2024.6

ISBN 978-7-5008-8276-3

Ⅰ. ①吴… Ⅱ. ①吴… Ⅲ. ①桥面－伸缩缝－养护 Ⅳ. ①U448

中国国家版本馆CIP数据核字（2023）第183018号

吴喜军工作法：桥梁伸缩缝微创技术

出 版 人　董　宽
责任编辑　孟　阳
责任校对　张　彦
责任印制　栾征宇
出版发行　中国工人出版社
地　　址　北京市东城区鼓楼外大街45号　邮编：100120
网　　址　http://www.wp-china.com
电　　话　（010）62005043（总编室）
　　　　　（010）62005039（印制管理中心）
　　　　　（010）62379038（职工教育编辑室）
发行热线　（010）82029051　62383056
经　　销　各地书店
印　　刷　北京市密东印刷有限公司
开　　本　787毫米×1092毫米　1/32
印　　张　2.5
字　　数　35千字
版　　次　2024年7月第1版　2024年7月第1次印刷
定　　价　28.00元

优秀技术工人百工百法丛书

第一辑　机械冶金建材卷

优秀技术工人百工百法丛书

第二辑　海员建设卷

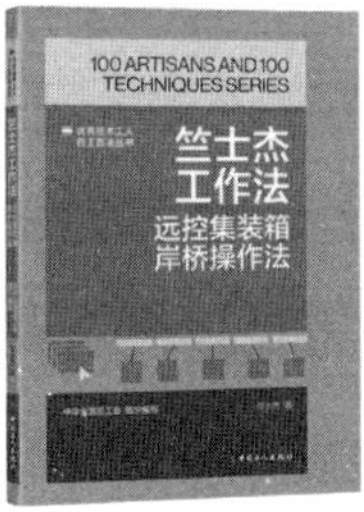